길에는 사람이 있네

길에는
사람이 있네

정주영 시집

세종출판사

자서自序

저마다의 색깔로
물들어 가는 계절

마음속에 출렁이는 세계,
때 묻은 속옷 같은 얼룩을
언어의 가위로 오려
세상에 내놓는다

                          2025년 가을
                              정주영

차례

자서自序 / 5

제1부

꽃샘바람 ····· 13
봄비 ····· 14
매화를 위한 변명 ····· 15
입춘을 건너는 나목 ····· 16
개나리꽃 ····· 17
개학 ····· 18
산수유 한 송이 ····· 19
진달래꽃 ····· 20
진달래 가문의 자매들 ····· 21
목련꽃등 ····· 22
목련 바람개비 ····· 23
벚꽃은 ····· 24
벚나무 아래서 ····· 25
탁발 순례 ····· 26
숲 ····· 27
산길 같은 사람 ····· 28
방하放下 ····· 29

제2부

늙은 모던 보이 ······ 33
동래부사 송상현 ······ 34
초량 차이나타운 ······ 36
부산밀면 ······ 37
얌생이질 ······ 38
사료와 재료 ······ 39
의자 ······ 40
모이 줍는 사람들 ······ 41
좌석버스 풍경 ······ 42
수저 타령 ······ 43
달팽이 ······ 44
영역표시 ······ 45
까마귀 ······ 46
찬밥 ······ 48
겨우살이 ······ 49

제3부

난해한 고서 ········· 53
해체 ········· 54
숨구멍 ········· 55
발자국 ········· 56
등대가 된 여인 ········· 57
복사꽃이 된 계집 ········· 58
도보여행처럼 ········· 59
백두가 백두산 천지에서 ········· 60
호미곶 가는 길 ········· 62
길에는 ········· 63
갈령재를 넘으며 ········· 64
시골 버스 정류소에서 ········· 66
기억 발굴 ········· 67
삼봉산 고개를 넘으며 ········· 68
여수 교동시장에서 ········· 69
공항 가는 길 ········· 70

제4부

예방 접종 ·········· 73
무서운 시험 ·········· 74
칼국시 ·········· 75
가면극 ·········· 76
마침표 ·········· 77
이를 어째 ·········· 78
러닝머신 위의 삶 ·········· 79
나비처럼 퍼덕이는 가로기 ·········· 80
혀 ·········· 81
임플란트 ·········· 82
거총 자세 ·········· 83
길고양이 1 ·········· 84
길고양이 2 ·········· 85
괄약근 ·········· 86
계단을 내려가며 ·········· 88
나무를 심으며 ·········· 89
눈물 ·········· 90
담금질 ·········· 91

제5부

문 열어라, 벽아 ·················· 95
지금부터라도 ·················· 96
소매치기 ·················· 97
연필로 쓰기 ·················· 98
명태의 꿈 ·················· 99
늙은 가객 ·················· 100
각주 ·················· 101
맴도는 이름 ·················· 102
거미 ·················· 104
이름을 지우다 ·················· 105
묵정밭 ·················· 106
아름다운 까닭 ·················· 107
목소리 ·················· 108
거꾸로 매달리기 ·················· 109
거기서 거기 ·················· 110
심야 영화 ·················· 111
그물 ·················· 112

| 작품해설 | **박미정**
시인의 응시, 정점의 울림 - 정주영의 시 세계 ··· 113

제**1**부

꽃샘바람

침인가 봐
여기저기 들쑤시고 다니면서
혈마다 따끔 따끔
침을 놓고 나면
몸속 어혈이 풀리고
샛강 살얼음도 풀리면서
땅이 녹고
언 가지마다 겨울눈이 눈을 뜨니
꽃샘바람은
천지에 원기를 돋우는
침인가 봐

봄비

주저주저
여리고 작게 두드리는
빈객의 노크 소리
또드락 또드락 또드락

언 대지를 노크하며
잠든 생명과
녹슨 기억을 깨운다

빈객의 노크 소리에
결빙의 매듭이 풀리면서
다시, 샛강이 흐르고
피가 돌기 시작하면서
모두가 문을 활짝 열리라

아, 그러면
하늘과 땅 사이에 꽃바람 불고
새싹 새 힘
분수처럼 솟구치리

매화를 위한 변명

조선의 사대부들이 정인으로 삼았던 꽃,
매화는 영 눈치가 없다
삼동에 꽃부터 피워 어쩌자는 건지

벌과 나비
하다못해 개구리마저
겨울잠에 빠져 있는데
벌써, 꽃부터 피워 어쩌자는 건지

천둥벌거숭이
매화를 혼자서 나무라다가
문득 드는 생각,
오죽했으면……
벌 나비도 없는 초봄에
꽃 한번 피워보자고 작정했을까?
생각이 여기에 이르자

일본군 위안부에 강제로 끌려갈까 봐,
솜털도 벗겨지기 전에
귀밑머리부터 푼
우리네 할머니들이 생각나서
오히려 애잔하기까지 한데

입춘을 건너는 나목

겨우내 냉탕에서
뻗치기 하던 노숙자들
온탕으로 가고 있네

온몸에 돋은 소름을 보면
온탕에 들어가면
열꽃깨나 피우겠네

꽃샘바람 부는 이때가
노숙의 고비,
냉온수 번갈아 맞아가며
노숙자들 온탕으로 향하고 있네

온갖 통점痛點 몸에 새긴 채
올봄에도 열꽃깨나 피우겠네,
돌아온 탕아처럼

개나리꽃

어미의 날개 죽지에
병아리들이 조롱조롱 매달렸다
노란 부리로 부신 햇살을 쪼며
병아리들은 어미 품을 떠날 줄 모른다
꽃샘바람이 병아리들을 괴롭혀도
어미는 억센 발톱으로
풀리는 흙을 움켜쥐고
날개 죽지에 매달린
병아리들을 지켜낸다
병아리들의 가출을 막으려
꽃샘바람이 아무리 심술을 부려도
이 고비만 넘기면
병아리들은 들로 산으로 출가
온 산하에 꽃불을 놓을 것이다
사람사람 가슴에도

개학

동백숲이 개학했나 보다
동박새 굴뚝새 콩새 까치까지
갓 입학해 왁자하다
낯선 지저귐이 쟁쟁거리는 걸 보니
아직 담임 선생님도
반장도 정해지기 전인가 보다
서로서로 첫인사를 건네며
안면을 트는 술렁임이 그득한
3월의 서늘한 그리움

산수유 한 송이

완고한 낙동강이 풀리더니
벅수처럼 제방을 지키고 섰던
산수유나무 언 뿌리에
거짓말처럼 물이 오르고
동풍이 삭정이 가지 끝을
여러 날 매만지고 간다

그래도 가지에
사마귀처럼 돋아난
작은 꽃망울은 한밤중,
도통 깨어날 줄 모른다

이번엔 해와 달이 어르고
아침 이슬까지 나서서 달래고
매일 나무 밑을 지나다니는
나도 보름째 생가슴 앓는다

그러다 봄비 오는 날
드디어 노란 밥풀때기 하나
눈뜰 때 비로소 보았다,
산수유꽃 한 송이 벙그는데
온 우주가 용쓰는 모습을

진달래꽃

잎보다 먼저
꽃을 피우는 진달래

저 연분홍 꽃잎에는
지구 심장의 쿵쿵거림 기다림
그런 것도 묻어 있으리

어디 그뿐이랴
추위와 어둠을 몰아내고 싶은
보이지 않는 뿌리의
목숨 건 아우성이 없었다면
이 호젓한 산중
벼랑 끝에서 어떻게 저런
봉불을 올릴 수 있으리

누군가의 쿵쿵거림
또 누군가의 뜨거움이 만나
태산을 뒤흔드는
저런 봉홧불 하나 올린 것이리

진달래 가문*의 자매들

꼴은 닮아도 짓은 다르네
진달래 가문의 자매들인
진달래 영산홍 철쭉은
꽃 피는 시기도 색감도
모두 다르네

양지를 좋아하는 진달래가
공주님이라면
자리를 가리잖는 영산홍은
거리의 여인쯤 되겠고
거친 매무새의 철쭉은
손에 물 마를 날 없는
무수리나 주방 아줌마쯤 되겠네

꼴은 닮아도 느낌은 다르네
내가 나비라면
공주님은 예뻐서 좋고
무수리나 아줌마는 너그러워서 좋지만
그래도 그림자 짙은
거리의 여인을 찾아가
그녀와 함께 사흘 밤 동안
어둠을 나누어 마시겠네

* 진달래 가무: 진달래 科에는 진달래 · 철쭉 · 만병초 등 7속 32종이 분포

목련꽃등

멀리서 보니 목화송이였다가
조금 더 가까이 다가가 보니
가지마다 중얼중얼 열린
하얀 알전구

목련이 올해도 꽃등을 걸었다
지난해 공습경보처럼 퍼지던
황사도 매연도 폭우도
늦가을 긴 그림자도 폭설도
모두 안으로 삭이고

올해도 목련이 꽃등을 켠다
봉불 같은
아니 용암 같은
목련의 저 뜨거움 때문에
꽃샘바람도 물러가고
봄이 우리 곁에 오는지 모른다

목련 바람개비

목련이 쏘아 올린 풍향계

가지마다 수천 개의 하얀 바람개비들이
때아닌 삼월에
버섯구름을 만들어 부유하고 있다

잎도 내기 전에
시린 바람에 맞서 쏘아 올린 바람개비,
고통 끝에 터져 나온 저
행복한 눈물

때로는
웃음보다 눈물이
금침보다 야합이
더 아름답고
더 곡진한 법

벚꽃은

뿌리가 쏘아 올린 폭죽이었나 보다
바람기처럼 솟구치는 봄기운을
더는 어찌지 못하고
자기도 모르게 심지에 불붙인
폭죽이었나 보다

꽃불 사그라들자
벚나무 잔가지 가지
뼈마디 마디
돋아나는
사랑니 같은
푸른 잎

저걸 내느라
폭죽을 터트렸나 보다

벚나무 아래서

굴뚝새 몇 마리
벚나무 속에서 찍찍거리고 있네

하얀 속옷을 벗어버린 벚나무 가지마다
첫날밤의 혈흔을 가리려는 듯
새파란 댓잎 같은
새잎을 뾰족뾰족 밀어 올리고

서로의 귀를 맞잡고
입 맞추던 짧은 순간은 날아가 버리고
아랫도리를 홀랑 벗은
암술과 수술만 빈집에서 떨고 있네

빈집을 기웃거리던 굴뚝새마저
짧은 봄날의 기억을 비행운으로 그리며
하늘로 날아가 흩어져 버리고
벚나무 아래서 나만 홀로 남는데

천 년 전에도 여기에 있은 듯
아랫도리를 이파리로 가리고
여기에 있은 듯

탁발 순례

유채꽃 찔레꽃 수선화
문전에서 잉잉
염불을 외우는 꿀벌들의
탁발하는 날갯짓이 울울창창

때가 되면 저렇게
탁발에 나서는 벌들의 날갯짓이
한 끼 밥을 위해
공사판에서 기꺼이 질통 짊어지고
비계다리를 오르는
위태한 발걸음과 무엇이 다르랴

한 끼 밥을 위한 탁발 순례는
그 자체가 장엄한
구도 행각

숲

　숲은 생명의 뷔페식당

　식당 한 모퉁이에서 귀를 세우면 생떼를 쓰는 매미들은 지금 반찬 투정 중이고 그러거나 말거나 참새 까마귀 부엉이 등은 소나무 가지에서 날개를 접고 낮잠을 즐기는 중이고 이 틈을 타서 여치 사마귀 방아깨비 같은 곤충들이 마음 놓고 배를 불린다

　염치를 아는 뷔페식당은 누가 시키지 않아도 계절에 맞게 옷을 갈아입고 때가 되면 스스로 문을 닫을 줄도 안다

　이것이 뷔페식당에만 들어가면 내가 자꾸 왜소해지는 이유이기도 하다

산길 같은 사람

길을 내어 줄 뿐,
산길이 하는 일이란 없다
길섶의 풀과 나무
새와 벌레들이
철철이 알아서 옷을 갈아입고
반가운 발소리 낯익은 구름에
길을 내어 줄 뿐,
산길이 하는 일이란 결코 없다
그래도 산길은 사철 옷을 갈아입고
새로운 발소릴 만난다
산길이 구름을 쫓고
그리운 발소릴 쫓았다면
사계절 옷을 갈아입고
새 발소릴 만나지 못했을 것이다

함이 없으나 못함이 없는
이런 산길 같은 사람이
고향에 살고 있으니

방하 放下

아린 바람 앞에 선 느티나무,
버릴 것 다 버리고
속마저 홀랑 벗은
그래서 더 홀가분하다는
저 계산 없는 고목

저 홀로 저렇게
속절없이 서 있으니
지나던 햇살도 들여다보고
길고양이 비둘기도 뜬금없이 찾아와
서로 안부 물으며 노닥거리니
겨울도 행복한가 보이

평생,
김밥 장사로 모은 재산
장학금으로 내놓고
자신은 단칸방으로 나 앉은 어느
할머니처럼

제 **2** 부

늙은 모던 보이
- 영도다리

그는 부산에서 태어나
늙다리가 된 모던 보이
핫바지 저고리 차림의 장삼이사와 다르게
말쑥한 양복 입고
1934년 부산에서 태어났으니
그때는 볼만했겠다
영역 표시하는 똥개처럼 무시로
한쪽 다리까지 들어 올렸으니
그 짓거리 구경거리였겠다
왜정 때는 내내 왜놈 자부심으로
해방 후 동란 때는 피난민 이정표로
사람들 입질에 오르내리다가
32살 무렵인 1966년부터는
그 짓마저 그만두고 기죽어 지내다가
생을 정리할 나이인 산수傘壽, 그러니까
2013년부터는 기사회생해 다시
다리를 꺼덕꺼덕 들어 올린다
자신의 아픈 상처를 들여다보려는 듯

동래부사 송상현[*]

당신은 청솔이신가요
도심 한복판
당신을 기리는 광장
활주로처럼 곧게 뻗어 있고
그 가운데 우뚝 선 동상
시민들은 해바라기처럼
늘 당신을 우러릅니다

임진년 그날
죽음을 앞두고
먹을 갈고 붓을 들어
부모님께 마지막 인사 올리던
그 시리디시린 눈꽃 같은 마음이
오늘도 시민들 가슴속에
방풍림이 되어 자라고
바람벽이 되어 사나운
해협의 바람을 막아줍니다

당신은 살아 있는 청솔
시민의 기억 속에
늘 푸르게 서 계십니다

* 송상현: 임진왜란 당시의 동래부사. 1592년 4월 14일 부산진성을 함락시킨 왜군이 동래읍성으로 진격하여 "싸우려면 싸우고 싸우지 않으려면 길을 빌려 달라(戰則戰矣 不戰則 假我道)"란 글을 나무패에 써서 남문 밖에 세워두고 갔다. 이에 송상현 부사는 "싸워서 죽기는 쉽지만 길을 빌려주기는 어렵다(戰死易 假道難)"라는 글을 써서 적진에 던진다. 한편 부사께서 죽기 전에 부채에다 손수 적어 노비를 시켜 부모님에게 전했다는 '순절시'가 다음과 같이 전한다. "외로운 성에 적은 달무리처럼 에워쌌는데(孤城月暈)/ 여러 군영에는 기척도 없습니다(列陣高枕)/ 임금과 신하의 의리가 무거워서(君臣義重)/ 부모와 자식 사이의 은정을 가벼이 합니다(父子恩輕)"

초량 차이나타운

중화반점이 떼지어 있는
초량 차이나타운에 차이나는 없다
유물을 발굴하듯 그곳의 지층을 조금만 걷어내면
누구의 첫사랑이었을지도 모를 소녀들
가난의 덫에 걸려 청춘을 저당 잡힌
양공주들이 미군을 기다리던 곳
뻔히 알면서 우리가 텍사스촌이라
에둘러 불러주던 골목과 공생하고 있을 뿐
기억의 지층을 조금만 더 걷어내면
조선의 조정 눈길이 닿지 않던 변방
새빗대가 무성하던 갯가
조개를 줍던 사람들을 짓밟고
왜놈과 되놈 양놈이 차례로 거쳐 간
발자국이 지문처럼 묻혀 있을 뿐
버림받은 갯가 사람들의
아린 기억이 매장되어 있을 뿐

부산밀면

향토 음식이라지만
부산밀면 그것이 나는 싫다
맛이 아니라 태생이 싫다
색깔 때문에 핏줄끼리
목숨 걸고 싸우는 난리 통에
목숨 부지하기 위해 먹어야 하는 현실,
그 절박함 속에서도
두고 온 고향의 냉면 맛 잊지 못해
전분에 밀가루를 섞어서
피난민이 낳았다는 혼혈아,
그 미끌미끌한 전쟁고아 같은
밀면은 자꾸 목에 걸려서 싫다

얌생이질

'얌생이질'이라는 말의 내력을 들추면
지금도 가슴 먹먹해진다
부러 철조망 안으로 얌생이 들여보냈단다
그래야 미군 부대에 얌생이 찾으러 갈 수 있었단다
얌생이를 찾아 몰고 나오면서
무엇을 더 몰고 나올 수 있었겠나
총을 몰고 나올 수 있었겠나
수류탄을 몰고 나올 수 있었겠나
기껏 양키들이 흘리고 버린
그런 검불들 핫바지에 묻혀 나오기 위해
얌생이를 철조망 안으로 들여보냈단다

혹시, 지금도 얌생이질을 위해
우리 안으로
얌생이 들여보내는 사람 보거들랑
그냥 한번 얌생이처럼 웃어주기요

사료와 재료

자갈치 충무동 새벽시장
거기에 뽈찜 맛집이 있었어

군부 슬하에 숨죽이고 살 때
우리는 중앙동 시청에서
충무동 새벽시장까지
대구뽈찜 먹으려 다니는
자유는 누리고 살았지

하도 싸고 맛있었어
하루가 멀다 우리는
뽈찜 맛집 원정을 다니곤 했지

그런데 말씀이야,
몇 달 후 지역신문에 난 기사
– 동물 사료로 수입한
  러시아산 대구 아가미
  식용으로 다량 유출

그 기사를 보고 우리는 무덤덤했지
그 시절엔 여러 면에서
사람과 짐승의 경계가 모호했으니까

의자

누군가 앉으면 함부로 범할 수 없던
소도蘇塗 같은 의자

한번 앉으면 진득이 엉덩이 붙일 수 있던
성소聖所 같은 의자

그런 의자들이 언제부턴가
종이컵 같은 간이의자로 바뀌더니

이제는 그런 의자마저
점점 치워버리는 곳이 늘어나는

여기는 정글의 법칙이 적용되는
시장 경제자유구역

모이 줍는 사람들

모이를 줍고 있다
타조처럼 머리 숙이고
거리에서 집게 부리로 콕콕
꽁초 휴지 토사물까지
허리에 찬 위장 주머니에 담고 있다
이렇게 짬짬이 모이를 줍고
품삯도 닭 모이처럼 주는 노인 일자리,
그것도 운 좋아야 얻을 수 있는 노년의 남루함
누구는 그 탓을 노인에게 돌리지만
그들은 이 세상 누구보다도
진창길 자갈길을 마다하지 않고
발 부르트도록 곧이곧대로 걸으며
세상과 자식들의 디딤돌이 되어준
이 땅의 장삼이사들
모이 줍기가 끝나는 날
파랑새가 되어 하늘로 날아갈 사람들
거리에서 모이 줍고 있다

좌석버스 풍경

식인食人 의자,
무시무시한 상상이긴 하지만
태생부터 좌석버스는 식인 목적 아닌가
그렇지 않은가?
구린내든 지린내든
항상 엉덩이를 물고 있어야
기사도 좌석도 행복한 법인데
무서운 돌림병이 돌면서[*]
사람들이 문밖출입 삼가고
어쩌다 외출해도 접촉을 피하니
만석으로 즐거워야 할 버스가
한두 명 남은 교실처럼 썰렁하다
좌석은 배고픈 악어 마냥
입을 쩌 윽 벌린 채 하품만 한다
텅 빈 것은 좌석만이 아니다
차창밖에는 빈 좌석처럼
공복에 시달리는 사람들이
띄엄띄엄 거리를 부유하고 있다

---

[*] 2019년 11월부터 중국에서 최초로 보고되고 퍼지기 시작한 코로나바이러스 감염증-19

수저 타령

아버지 세대의 어느 시인은
가난이야 한갓 남루에 지내지 않는다[*]
하였지만

금수저 은수저 흙수저로 나누며
수저 타령을 해야 하는
우리 시대의 가난은
유전병

어쩔 수 없이 받아들이고
감수해야 할
불치병

---

[*] 서정주의 〈무능을 보며〉에서 斷章取義

달팽이

비 온 뒤
제집을 등에 지고 느릿느릿
보도를 기어가는 달팽이

저놈은 태어나면서
몸과 집
안과 밖이 둘이 아님을
알고 태어난 것일까

저런 놈을 보고
와우각상蝸牛角上이니 와각지쟁蝸角之爭이니
말을 만들어 낄낄거리는 속물들

자기 몸과 집을 철저히 분리해
수십 채의 껍데기를 사재기하고
안과 밖을 꼼꼼히 살피는데
그런 인간들 발밑으로 느릿느릿
웃으면서 기어가는
달팽이

영역표시

아무 데서나 시도 때도 없이
영역 표시하는 개,
메뚜기처럼 동에 번쩍 서에 번쩍
한쪽 다리를 치켜들고는
여기 찔끔 저기 찔끔
오줌을 갈기고 다닌다
제가 이 세상에 태어나서
한 일이라곤 밥 축내는 것
외엔 아무것도 없는 식충이가
눈에 뵈는 건 죄다 제 것인 양
이 땅 저 땅 이 건물 저 건물
가리지 않고 등기하고 다닌다
개들의 영역표시로
온 나라에 지린내가 진동한다

까마귀

하늘로 돌아가지 못한
삼족오의 후예,
조의선인皁衣先人이 아침마다
잠을 깨운다

까옥까옥

누구는 재수 없다고 침을 뱉지만
또 누구는 흉하다고 돌을 던지지만,
그에게서 나는
이 땅에서 형평사 운동하며 살다 간
관수*의 외침을 듣는다

가로에 뒹구는 쓰레기봉투를 보고
전투기처럼 돌진해 폭격하는 그에게서
시대와 불화하며 살다 간
밤하늘의 별 같은 선구자와
그 자손들의 비애를 본다

쓰레기봉투에서 허기를 지우고
전봇대에 앉아 부리를 닦는

그에게서
이 땅에 변화를 갈망하는
장삼이사들의 기다림을 읽는다

* 관수: 박경리의 『토지』 9권에 나오는 인물

찬밥

길거리를 신나게 누비며
재미있게 세상 구경하던 바퀴,
자전거 거치대에 코가 꿰여
다짜고짜 기다리고 있다

양지바른 담벼락 밑에
줄지어 서성이는 노인들,
발이 시린지 서성서성
하염없이 그리워한다

겨우살이

기생식물이라 비웃지 마세
저 겨우살이마저 없었다면
참나무는 지난해 동지에
잿빛 숲을 등지고 말았을 걸세
헐벗은 나뭇가지가
칼바람 회초리를 맞고도
버틸 수 있었던 것은
철모르는 겨우살이의
푸르름 때문이었으리

기생충이라 빈정대지 마세
한겨울 잿빛 골목을
글썽 글썽이는 노숙자,
이 도시의 겨우살인지 모르니

제3부

난해한 고서
– 고창고성에서[*]

한증막을 무릅쓰고 찾아간 고도
고창고성은 난해한 고서古書,

빛바랜 표지를 들추자
그 옛날 고성에서 춤추든 사람들
실크로드를 오가던 대상들 구법승들……
그들의 흔적은 이미
해와 달빛에 세초洗草된 지 오래

우리가 할 수 있는 일은
오직, 필흔筆痕을 살피는 것뿐이었는데
저어 멀리 화염산을 넘어오는
뜨거운 모래바람이 뺨을 후려치며 물었다

'너는 무엇을 찾아 여기 왔느냐?'

옛 저자의 물음에 답하지 못하면
한 걸음도 더 앞으로
나아갈 수 없을 것 같은
지금도 난해한 고창고성

* 高昌古城: 중국 신상웨이우얼지치구 투루판에 있는 고성

해체
— 타클라마칸에서

인간의 탐욕을
지우개로 싹 지워버린 곳

산맥도 강도 건물도 모두 밀어버리고
심지어 나무와 풀 들짐승마저
내쫓아 버린 곳

보이는 건 오직
누런 마분지 위에
파도처럼 출렁이는 사구砂丘의 이랑과 바람뿐!

마른 땡볕과 모래 그리고
모래 울음에 놀라 부서지기 시작하는
내 안에 때처럼 눌어붙어 있던
자음과 모음들……

드디어
'ㄴㅏ'도 해체되어
모래가 되어
사구의 이랑이 되어
줄넘기하듯 춤을 추는
끝없는 모래 바다,
타클라마칸

숨구멍
– 月牙泉[*]에서

치치포포,
압력솥 숨비소리 들어 보셨나요?
무쇠솥에도 그런 숨구멍 있다오

타클라마칸이라는 어마무시한 무쇠솥,
여러 개의 숨구멍 중
맵시 제일이라는 월아천의 첫인상은
사진보다 못하단 느낌도 들지만

선녀의 눈물샘을 보고 나니 불현듯
그 옛날 시골집에서 끓던
무쇠솥 숨구멍이 생각났다오

저 숨구멍 하나 믿고
허위단심 무쇠솥에 들어갔을
그 옛날 발걸음을 생각하며
나도 오늘 무쇠솥에 들어간다오

혹시 아나요?
쌀알이 무쇠솥에서 밥알로 익어가듯
어쩔 수 없는 우리의 떫음도 설움도
무쇠솥에서 익어갈지

* 월아천: 중국 돈황시 명사산 자락에 있는 초승달 모양의 오아시스

발자국
- 명사산에서*

발자국은 흔적이고
때로는 그것이 역사가 된다지만
여기 와서 보면
그 말도 부질없는 흰소리

얼굴도 기억나지 않는
우리네 아버지의 아버지 그 아버지도
저마다의 길을 찾아 서역만리를 오가면서
이 산 한 모퉁이에 발자국을 남겼을지 모르지만
그 어디에도 흔적은 보이질 않네

모래 산을 오르는 지금
모래바람이 현絃을 뜯는 소리 사각사각
내 귀에도 끓어 넘치지만
오직 발자국만은 허락질 않네

먼 길 갈수록 물 위를 걷듯 하라는 듯
한사코 모래가 따라오면서
푹푹 빠지는 발자국을 묻어버리는
명사산

* 鳴砂山: 중국 돈황시 남쪽에 있는 모래와 암반으로 이루어진 산

등대가 된 여인
– 누란의 미녀* 1

죽어서 등대가 된 여인
푸른 눈 흡뜬 채
지하 세계의 등대가 되어

어둠 속에서 찾아올 그대를
하마하마 누천년 기다리다가
인제는 지상으로 올라와

여기 신장박물관 유리관 속에서
푸른 눈 붉은 뺨 그대로
서역을 비추는 등대가 되어

하 많은 눈동자와 눈 맞춤하고
미소 지으며
그대를 기다리는 누란의 연인

---

* 타클라마칸 사막에서 발견된 청동기 시대 신장지역 여성의 미라. 탄소연대측정법으로 조사한 결과, 이 미라는 지금으로부터 3,800년 전인 기원전 19세기에 매장된 것으로 추정된다고 함

복사꽃이 된 계집
– 누란의 미녀 2

우루무치 신장박물관
그곳에 가면
복사꽃 계집을 만날 수 있다네

그곳에 가면
그리움 그까짓 것이 무엇이관데
죽어서도 눈감지 못하고
두 눈 복사꽃처럼 뜨고
서역으로 가는 길목에서
피고 지는
복사꽃이 된 계집,

눈물처럼 썩지 않는
기다림을 만날 수 있다네

거기에 가면
사랑 그까짓 것이 무엇이관데
일몰처럼 가물가물 눈감지 못하고
이승을 떠돌며 피고 지는
복사꽃이 된 계집,
누란의 옛사랑을 만날 수 있다네

도보여행처럼

또 짐을 싼다
널브러진 옷가지를 챙기고
보지도 않는 지도와
여행안내 책자를 다시 배낭에 넣고
오래오래 묵을 것처럼
엊저녁 화장실에 진설해 둔
세면도구를 거두고
휴대전화 충전기도 잊지 않는다
스윽 방을 한번 휘둘러보고
아쉬운 듯 숙소를 나서면
어제와 같은 듯 다른 오늘이
노둣돌처럼 내 앞에 놓이고
어제와 닮은 듯 다른
하늘과 산천이 이끄는 대로
길을 가면서 노닌다
시점도 종점도 목적도 없는
이런 길 걷기를 나는 좋아한다
하루하루 삶도 도보여행처럼
오직 발걸음 소리 들으며
오고 감도 없이 그렇게
노닐 수 있다면,

백두가 백두산 천지에서

낙동강 언저리에서 태어나
늦게 문자를 익히면서
하릅송아지 허드레 울음처럼
따라 흥얼거리기 시작한 애국가
"동해 물과 백두산이 마르고 닳도록"
그 노래에 담긴 산은
전설 속에 나오는 산으로 늘 생각했지
그러던 것이 나도 백두가 되어
전설 속 산신령을 찾아가듯
숨겨 놓은 정인을 만나러 가듯
그렇게 조심조심 두근두근
연변을 거쳐 이도백하를 지나서
나무늘보처럼 엉금엉금
만병초 피어있는 천지에 가 닿았지
마치 까마득한 고조선에 온 듯
온몸에 소름이 돋으면서
깊고 푸르고 무서운 천지는
해일처럼 덮쳐왔지
고압선에 감전된 듯
지진을 만난 듯
그렇게 어마지두에

상상 그 이상의 정수리를 만나고 나니
태어나 백두가 될 때까지 나는
반신불수 배밀이 천치로 살아왔음을
무시로 쑤시던 내 허리앓이의 뿌리를
그때 알게 되었지

호미곶 가는 길

길이 학교란 말에 감전돼
허위단심 나선 도보여행 길

구룡포에서 묵어갈까 망설이다가
골목길에서 만난 돼지감자 닮은 아낙

점잖게 호미곶 가는 길 물으니
"삼십 분이면 충분하니더!" 한다

돼지감자 말에 이내 맘 고쳐먹고
옆구리에 동해를 거느린 해파랑길을 따라 북상

한 시간 걷고 두 시간 걸어도
어라, 호미곶은 영영 안갯속

그러면서 드는 불길한 예감
'혹, 나는 걸어서 돼지감자는 차 타고?'

서너 시간 만에 상봉하는 해바라기 닮은 불빛들……
아, 가깝고도 먼 호미곶 가는 길

길에는

사람이 있네
순천에서 구례로 가는 길이 헷갈려
도보여행 중 헤매고 있는데
친절하게 길을 일러주시는
하회탈을 닮으신 분,
그냥 지나쳐도 될 법한 시골길에서
딸막딸막하고 있는 낯선 길손에게 다가와
길을 일러주시는 선한 이웃,
세상의 길이란 길은 죄다 꿰고 있는
손안의 요술램프도 알 수 없는
지도에도 없는 갈림길에는
여전히 사람이 있네
내가 걸어온 길,
굽이굽이마다 이정표처럼
길을 일러주시던 분이 있었듯이
지금도 여전히 길에는
사람이 있네

갈령재*를 넘으며

고갯마루에서 내려다보니
발아래는 길의 전시장

저 아래 발치쯤 산자락엔
고무신 신고 달구지 타던 옛길이
겨우겨우 점선으로 이어지고
그 위 허리쯤 중턱엔
게으른 지방도가 숨바꼭질하듯
느릿느릿 숲속으로 들락거리고
또 그 위 가슴팍쯤엔
성질 급한 고속화도로가
거침없이 계곡을 건너고 있다

발아래 전시된 저 구절양장
모두 걸어보았으니
더는 눈길 주지 않을란다
돌아보지도 않을란다
그렇다고 재 너머 새 길도
마음 주지 않을란다

지금 머리 위엔 떠돌이 털게 구름
귓전엔 칭얼대는 동해파도
거기에 솔향까지 마시며
휘적휘적 내 길 걷고 있는데
돌아보고 기대할 그 무엇이
더 있더란 말인가

* 감령재: 해파랑길에 있는 고갯길로 울진(경북도)과 삼척(강원도)의 경계에 있음

시골 버스 정류소에서

자랑처럼
운행 시간표가 나붙은
시골 버스 정류소

노선도는 별자리처럼 총총
운행 시간은 노인 이빨처럼 드문드문

당국의 세심한 배려 고맙긴 하지만
무작정 버스를 타고
떠돌이처럼 떠도는 아날로그 여행자에겐
군더더기

예전엔
하염없이 버스를 기다리며
가보지 못한 다음 동네
상상하는 즐거움도 있었다
인생의 막차 시간을 모른 채
무작정 서성이는 노인처럼

기억 발굴
- 함안 이수정에서

이수정이든가? 무진정이든가?
기억 속 지명이 헷갈리는 낙화놀이
지금 텔레비전 화면 속에 흘러넘친다

우리가 원족*을 갔던 그곳
햇살은 나뭇잎에 부서져 은박지처럼 반짝이고
발가락을 간지럽히던 냇물은 귓속말로 흐르던
그때 우리가 이수정이라 부르던 그곳

너무 오래 방치한 산과 들
빛바랜 흑백사진 같기도 한
그곳의 희미한 기억 한 장 들고
부랴부랴 찾아갔더니

화석이 되어 버린
기억 현장은
발굴할 수 없어
서성서성이다 돌아서는
저녁답

* 遠足. 그때 어른들은 학교 소풍을 '원족'이라 부르기도 했다.

三峯山* 고개를 넘으며

남해안 고속도로가 넘어가는 삼봉산
옛적 고갯마루 서낭당엔
기백 년도 더 된 팽나무
떼지어 살았지

하굣길
무시로 팽나무에 올라
바지 내리고
지나가는 여학생 머리 위에
뜨거운 비를 내릴 수 있도록
까까머리 중학생
부자지 숨겨주던 팽나무 숲

고속도로 공사에 비명횡사한 지 오래되었으나
차 타고 삼봉산 고개를 넘을 때마다
살아 돌아와 나를 반기네

지금은 차를 타면 오 분도 안 걸리지만
해작질하고 걸으면
학교까지 두어 시간이나 걸리던 고갯길

그동안 우리는 시간을 벌기 위해
너무 많은 시간을 없앤 건 아닌지 모르겠네

* 三峯山: 함안군의 중심부에 있으며 가야읍과 군북면에 걸쳐 있다.

여수 교동시장에서

어둠을 쓸며
길거리에 좌판부터 열고
푸새를 다듬기 시작하는 벌들

골목 안에는
방금 뭍에 오른 바다와 함께
수런수런 새벽시장을 깨우는
일벌들의 붕붕거림

수벌들은 종족 보존용인지
골목에 가끔 출몰할 뿐
여기는 모두 암벌들의 세상

저 암벌들의 날갯짓 덕분에
누군가는 허기를 지우고
또 누군가는 눈을 씻을 것인데

내 몸 어디선가
벌의 날갯짓과 공명한 탓인지
자꾸만 눈앞이 흐려지는
여기는 여수 교동시장

공항 가는 길

공항 가는 길은
늘 가슴 설레는 길
미지의 세계로 나가기 위해
여비를 모으고 백일몽을 꾸고
그리고 출발 며칠 전부터 가방을 싼다
넣었다 빼는 희망 고문을 반복하다가
짐은 가방 크기를 벗어나지 못한다는
상식 늘 출발 당일에야 깨닫는다
배부른 가방을 끌고 찾아갔던 나라들,
아세아도 아라비아도 아메리카도
입국만 하면 몽상이 안개처럼 걷히고
낯선 바람이 뺨을 후려친다
늘 후회하면서 집으로 돌아와
여독이 풀리기도 전에 다시
백일몽을 꾸는 아이러니,
내게는 내일도 늘
공항 가는 길

제4부

예방 접종

성문 굳게 닫고
경계근무나 잘 설 일이지
흉흉한 역병 소식에 귀마저 얇아
친절한 국민비서*의 연통을 받고
보건소에 가서
스스로 성문 열고
생면부지의 게릴라 몇 놈
성안으로 불러들여서
놈들과 야바위 전투하느라
성안이 온통 쑥대밭 되었네
게릴라들의 예상 밖 선전으로
연이틀 개고생 끝에
얼추 성안의 반란이 진압되었다만
얕은꾀로 성을 지킨답시고
비실비실한 게릴라 몇 놈
성안으로 잘못 불러들였다가
성마저 무너질 뻔했다오
(국민 비서는 듣고 계시는가?)

* 국민 비서: 국민이 필요한 행정 정보를 미리 알려주던 맞춤형 문자서비스

무서운 시험

직장에서 승진시험을 끝으로
이젠, 내 인생에서 시험은 끝났다고
끝났다고
흰소리 뻥뻥 쳤는데
퇴직하고 나니깐
국가에서 또 시험을 부과하네

폐암 위암 대장암 정기검진……
시험 과목도 바꾸어 가며
주기적으로 테스트하는 시험

금식하고 한나절 몸 맡기는
가벼운 시험이라는데
올해도 12월이 다 가도록
요리조리 결시 핑계만 찾는
끝나지 않은 무서운 시험

칼국시

매끈한 몸매의 가지런한 면발에
호박채 대파 청양고추 다진 마늘
갖은양념이 다 들어간 칼국수는
그 옛날 칼국시 맛이 안 나네

거무튀튀한 통밀가루 반죽을
홍두깨로 대강대강 밀어서
식칼로 듬성듬성 썬 면발에
김치 한 보시기
시장기 한 바가지 넣고 끓인
밀떡 같은 칼국시

오늘처럼 비 오고 바람 부는 날엔
그 옛날 오매가 끓여주시던
꿀떡 같은 칼국시 한 그릇 간절하네

가면극
– 화장장에서

마지막 장면은 가면극이구나
관이 화구에 들어가는 순간
그 앞에 모여선 유족들
민낯을 드러내며 자지러진다
이윽고 슬픔이 극에 달할 즈음
문득 정신을 차리고 다시 쓰는 가면,
망자에겐 오늘이 마지막이지만
유족에겐 내일이 있는 까닭이다
산자는 살아야 한다며
국밥을 마시고 소주를 마시며
화장이 끝나기를 기다린다
이 마지막 이별은
누구도 피할 수 없다며
애써 자위하는 가면극
우주의 섭리를 받아들이기 위해
우리 시대가 고안한 슬픈 가면극

마침표

개망초의 마침표가 씨앗이라면
장삼이사의 마침표는 유골함인가

험한 세상 개망초처럼 살다가
화장장에서 티끌로 슬어져 간 목숨

그 티끌을 수습한 유골함을 땅에 묻고
재배하며 우리는 마지막을 고한다

한 사람의 일생
이로써 어찌 마침표를 찍을 수 있으랴

개망초가 그만의 아름다움을 남기듯
마침표 찍은 장삼이사도
인연 닿은 이들에게
이내 같은 그리움 남기지 않던가

이를 어째

새로 나온 책도 구경하고
어쭙잖은 원고도 출력하고
겸사겸사
부러 40분을 걸어서
도서관엘 갔네

오랜만에 책도 빌리고
도서관 디지털 자료실에 예약까지 해서
PC 앞에 떡하니 좌정하고
컴퓨터를 켜는 것까지는 성공

어라? 장가가는 놈이
부자지 빼놓고 가는 꼴이지
원고가 저장된 USB를 안 가져왔네

컴퓨터 화면은 깜박깜박 윙크하며
뭘 꽂으라고 재촉하는데
이를 어째?

러닝머신 위의 삶

얼마나 행복한가
사회가 정한 트랙 위에서
회사가 정한 속도에 맞추어
두 다리를 부지런히 움직이는
러닝머신 위의 삶은 얼마나 평화로운가
한결같은 시점 변함없는 풍경
러닝머신 위의 삶은 얼마나 안정적인가

평화롭고 안정적인 삶이 보장되는
러닝머신 위를 달리는 경주마는
오늘도 트랙을 이탈해
야생마가 되는 불행을 꿈꾸는
러닝머신 위의 질주

나비처럼 퍼덕이는 가로기

우리 시대
기댈 수 있는 분은
저 머나먼 산정이나
까마득한 하늘가에 계시기 때문일까
설산에서 퍼덕여야 할 룽다[*]가
세속으로 걸어 내려와
가로등 지주의 어깨에 매달려
호랑나비처럼 퍼덕인다
룽다에 실린 가인의 공연 소식은
우리 시대의 복음이 되어
온 시내에 물결쳐 번져 나가고
상처 입은 사람들이 모여 사는
남루한 골목에서는
바람 따라 흐르는 가인의 노래가
상처를 어루만진다

* 룽다(風馬): 기다란 장대에 매달린 한 폭의 깃발

혀

간신배 중의 간신배,
숭늉에 길들어져 있다가
자기도 모르게 커피에 물들어 있다

변덕스러운 간신배,
봉지 커피에 인이 백여 있다가
어느새 카페라테를 찾고 있다

정말 못 믿을 간신배,
카페라테를 찾다가 슬그머니
무슨 무슨 라떼를 순례하고 있다

평생 제 버릇 못 고치는 간신배,
고쳐야지 고쳐야지 하면서
달면 삼키고 쓰면 뱉는다

임플란트

정가네 방앗간에 근무하는
32명의 근로자,
나이가 들면서
시름시름 시들어 갔다

노동력을 보존키 위해
정기적으로 병원 신세도 졌건만
한 명은
더는 노동 가치가 없는 것으로
판명

그자는 퇴사시키고
그 자리에
산업용 로봇으로 대체시켰다

병치레 같은 건
아예 걱정할 필요도 없는
번쩍번쩍한 산업로봇,
임플란트

거총 자세

남자 화장실 소변기 빙벽
부동자세로 바들바들 벌서고 있는 똥파리*
늙으나 젊으나 수컷들은
처음 보는 표적에 호기심 동해
흐린 눈으로
그 불쌍한 벌레에게 총구를 정조준
물대포를 발사한 후에도
어라, 끄떡도 없네!
그다음 맞닥뜨렸을 땐 오기가 발동
힘주어 물대포를 한 발 더 발사해 보고
비로소 표적의 정체를 눈치채고는
다음부터 낯익은 표적은 난사하고 마는데
낯선 표적이 아니면 이내 싫증 내고
거총 자세 흩트리는 수컷들

---

* 남자 화장실 소변기 하단에 실물 크기의 파리 사진이 코팅된 곳이 더러 있다.

길고양이 1

누구의 애인 노릇 하시다 쫓겨나셨나?
골목에 어슬렁거리는 길거리 정인
혼자서 고양이 자세 뽐내시다
사람 발걸음 소리 들리면
안테나 귀를 세우고
쫑긋

하마하마
그렇게 귀를 세우고
주인님 다시 부르심을 기다리신 지
벌써 세 번째 겨울

애증이란 녹내장 균으로
그 예쁘던 눈까지 멀어버리고
이제는 당달봉사가 된 연인

주인님은 애저녁
유통기한 정해두고 사귀시다
유통기한 지나면 사정없이 내다 버리고
오직 신상만 탐하신다는 취향
아직 모르고 계시나 봐
이를 어째?

길고양이 2

낯설게 걷느라
공원에서 맨발 만행 중인데
검은 길고양이 한 마리
흙길 산책로가 제집인 양
며칠째 외간 남자를 흘깃흘깃 경계하더니
어느새 낯이 익었는지
호객꾼으로 변신
오늘은 내 뒤를 졸래졸래 따르며 이런다
'오빠 한잔하고 가'

내 속세를 떠난 지 오래라
잠시 숙고하자
그새를 못 참고 이번엔
앞장서 인도하며 또 이런다
'오빠 나만 믿고 따라와'

저 묘녀猫女는 분명
소싯적 내가 들락거리던
선술집의 그분이시거나
아니면 전생의
어느 다리 끝에서 돌아서시던
그분인지 몰라

'오늘, 파계해? 밀이?'

괄약근

삼한사온 깨졌다
사람들은 걱정하지만
지구의 괄약근은 살아있다

한랭전선 남하로
도시가 설빙고로 변하자
사람들은 실내에 갇혀
며칠째 변비를 앓으며
삼한사온이 깨졌다고 난리다

설사를 해본 사람은 알리라
괄약근의 위대함을
조였다 풀었다 할 수 있는
자연의 섭리가 내 몸에 없었다면
나는 아직 기저귀 신세 면치 못했으리

북극이 한동안 풀었던 괄약근을 조이자
한랭전선의 북상으로
변비를 앓던 사람들이 문을 열고
밖으로 꾸역꾸역 쏟아져 나온다

근 일주일 만에
변비에서 풀려난 상쾌함!

아직도 우주의 괄약근은 건재하고
그 속에 살아가는
우리의 괄약근도 건재하도다

계단을 내려가며

그동안 외눈박이로 살았나 보다
계단은 늘 오르막이고 고통이었다
월세에서 전세로 내 집으로
한 계단씩 오를 때마다 숨차다고
사원에서 대리로 과장으로 부장으로
한 계단씩 오를 때마다 힘들다고
얼마나 인상 쓰고 징징거렸나……
그런데 계단을 다 오르고 나니
계단의 두 얼굴이 보이기 시작한다
희망퇴직 명예퇴직 공로연수
눈가림으로 만들어 놓은 계단들
차례로 밟고 내려갈 때마다
계단은 허방이고 낭떠러지다
내려가기가 더 힘든 것이
무릎 관절 때문만은 아니다
조물주가 눈을 두 개 만든 이유,
계단에도 있었네

나무를 심으며

지난해 산불 난 자리
동료들과 함께 나무를 심는다

빈터에 눈대중으로 심지만
땅에 심어지는 묘목 처지에는
좀 더 땅심 깊은 곳
한 뼘 더 양지바른 곳
그곳에 자리매김하고 싶을지 모른다,
생각하니 기분 묘해진다

어찌 이런 일이
묘목에만 국한된 일이겠는가

우리는 누구나
누군가의 보이지 않는 손이 되어
살아가고 있지 않은가?

눈물

인공눈물을 넣으란다
왜 그러느냐니깐
안과의사 선생님 하시는 말씀,
나이 들면 다 그렇단다
젠장, 나이 들면 눈물도 마르는가
여태껏 너를 위해 이웃을 위해
눈물 흘려본 기억이 아득한데
벌써, 눈물이 다 말랐단 말인가
오직, 나를 위해
일족을 위해 눈물 흘리다 보니
평생 쓸 눈물을 벌써 다 쏟았단 말인가
너를 위해 이웃을 위해 적실
한 방울의 눈물은 남겼어야 하는데……

담금질

겨울은 담금질의 계절
칼바람 담금질을 통해
땅속 씨앗은 한 발의 지뢰로 굳어가고
꽃나무 가지의 겨울눈은
한 발의 수류탄으로 여물어 간다

겨우내 담금질을 통해
탄환의 장약은 다져지고 굳어져
마침내 극점에 달하는 순간,
안전핀이 스르륵 빠지면서
지뢰와 수류탄은 폭발한다

봄이 되면 땅속에서
무수히 터지는 소음消音지뢰들,
나뭇가지에서 펑펑 터지는 수류탄들!

올겨울엔 나도 담금질에
굳어가는 지뢰가 될거나
수류탄이 될거나

제5부

문 열어라, 벽아

사람들은 벽이라 하더라만
더는 갈 수 없다고 하더라만
출구가 없다고 하더라만
문 없는 벽이 어디 있으랴

남북을 갈라놓은 철조망도
통문은 있고
벽으로 둘러싸인 감방도
쪽문은 있고
옻칠한 칠통漆桶 속에서도
스스로 눈 밝으면 열리는
마음의 문은 있다더라

이 세상
문 없는 벽이 어디 있으랴
발 부르트도록 여기까지 왔다
문 열어라, 벽아

지금부터라도

가사, 무덤이 차고지라면
삶은 길 위에 떠도는 시간?

굳이
다른 점을 찾는다면
그 차고지는
어디에 있는지
언제 닿을지 모른다는 사실

그런 차고지를 향해
길 위에 떠도는 시간이 삶이라면
이제껏 전력 질주했으니

지금부터라도
더러는 주변 풍경도 살피고
때로는 먼눈도 팔면서
팔자걸음으로 느릿느릿
길 위에 유랑해 본들
어떠리

소매치기

시재時在를 도둑맞았다
지갑에 안녕히 계신 줄 알았는데
저잣거리에서 사람들과
노닥거리다 보니 소매치기당했다
그렇지 않고서야,
지갑 속에 넉넉히 들었던
시재가 감쪽같이 사라지고
빈 지갑만 남을 수 있단 말인가

돈이라면 다시 벌면 되지만
소매치기당한 시재,
시간은 벌충할 방법이 없다

이놈을 벌할 수 있는
유일한 방법은
용서뿐이라니……

연필로 쓰기

요즘은 연필로 쓴다오
그것도 순한 막걸리 같은
목탄 연필로 쓴다오

십 년만 젊었어도
오 년만 젊었어도
고량주 같은 볼펜으로
휘갈겼을 것이라오

요즘은 희미하고 묽은
흐릿한 흔적이 좋다오
그래야 지우기도 쉽다오

상처 주고 싶지 않아
흔적 남기고 싶지 않아
연필로 쓴다오,
요즘엔

명태의 꿈

올겨울엔
차가운 바다를 떠나서
속초항 어디쯤에서
망태나 될까나

거기서 코가 꿰어져
용대리 덕장에서 눈비 맞으며
꾸들꾸들 말라가는
코다리나 될까나

석 달하고도 열흘
대관령 설한풍을 맞으며
등골에 사무친
그리움도 기다림도 서러움도
모두 누렇게 말라가는
황태나 될까나

그리하여 칼칼한 황탯국이 되어
애증에 잠 못 드는 누군가의
혈관을 타고 흐르는 뜨거운
피나 될까나

늙은 가객

입추 지나 처서로 가는 숲,
동트기 전 공기를 쥐어짜면
어둠이 뚝뚝 떨어질 것 같은데
어디서 매애—
목을 푸는 소리를 신호로
여기저기서 혀 짧은
매미 합창이 시작되네

폭포를 제압하고도 넘치던
우렁찬 목소리가
어느새 다 늙어
코맹맹이 소리로
매앵 매앵—

늙은 가수의 목소리처럼
음정이 불안한 저 매미 소리
다시 들어보니
내 안에 있는
늙은 가객이 부르는
노랫소리였네

각주

법전과 공문서에 출렁이는
언어의 바다에는 늘
시비 분별의 파도가 거칠다

목숨을 앗아갈 수도 있는
삼각파도를 헤어나기 위해
나는 늘 언어의 바다에
구명보트를 띄웠다

거친 항해를 끝내고
포구에 배를 정박시키고 나니
안경을 쓰고도 더는
구명보트가 불개미처럼 가물가물……

이제 시비분별의 파도는
신경 끄라는 경고 같아서
얼른, 안경을 벗어 버린다

맴도는 이름

얼굴은 떠오르는데 이름이 생각나지 않는
그 애달픔, 그것이 비단
사람에게만 국한된 일이겠느뇨

오랜만에 금정산엘 들었는데
깨꽃 사촌으로 보이는 미인이
연등처럼 조롱조롱 매달려 반기는데
도통, 이름이 생각나질 않네

낯은 익은데 이름은 생각나지 않는
그 안타까움,
제대로 수인사라도 나눠야겠다 싶어
뒤적뒤적 구글링해 보니
생전 처음 들어보는 이름,
괴불주머니라네

괴불?
얼굴과 이름이 어긋나는
당혹감에 수인사는커녕
눈인사도 거두네

이름?
더는 애쓰지 않으리
입안에 맴돌 때가 더 애틋하다오,
잊어버린 첫사랑의 이름처럼

거미

소나무 가지에
그물을 펼쳐놓은 어부

때때로 공중을 헤엄치다가
걸린
눈먼 고기를 잡지만

그 자신
평생 그물에 발목 잡혀
그물에 매여 사는
고기

이름을 지우다

어둠이 내리자
모두가 이름을 지운다
멧돼지가 다니던 벼랑길도
늙은이가 다니던 오솔길도
모두가 제 이름을 지우고
마침내 산이 되고

소나무 참나무 밤나무도
제 이름을 지우고
비로소 숲이 된다

오직, 금정산 아래
사람이 다니는 길에서만
허기진 인간들이 제 이름표를 달고
꽁무니에 불을 켠 채
어디론가 질주한다

홀린 듯 취한 듯
부나비가 되어 나도
불빛을 쫓아 흐르다가
에움길로 들어서
이름을 지우고
밤이 된다

묵정밭

깊은 골짜기
산비탈에 눈물 자국처럼
얼기설기 엮어 놓은
산 그물

저 그물코
한 뼘씩 넓힐 때마다
그대 이마의 주름살도
한 고랑 두 고랑 늘었으리

한 생을
성긴 그물에 기대어
목숨 부지하고
자식 건사하고 나자
지금은 묵정밭 고랑에
무연고 묘가 되어
그물 속에 갇혀 있네

아름다운 까닭

산이 사춘기 몸살 앓을 때
지리산이나 금정산 아니면
동네 뒷산이라도 올라 보자
산자락에 꽃이 별처럼 돋아있다
밤하늘에 이름있는 별보다
이름 없는 별이 더 많듯
산자락에 다투어 돋아난 꽃을
우리가 이름 부를 수 있는 것은
열손 가락 남짓이다
그렇다고 이름 부르기 좋게
우리가 알고 있는
진달래 개나리 같은
꽃만 산자락에 돋아난다면
사춘기 산이 얼마나 쓸쓸하겠는가?
이름 없는 별, 이름 모를 꽃이 많아
밤하늘과 사춘기 산자락이 아름답듯
사람 사는 세상도 그대와 나처럼
이름 없는 사람이 더 많아
아름다운 것이리라

목소리

작은 내라도
천의 목소리가 있구나
큰비 온 뒤
반송천을 따라 걸어보니
예전에 듣지 못했던
내의 목소리 낭자하다
폭이 좁은 상류에서 내는
아이 목소리로 또랑또랑 흐르고
물매가 급한 여울목에선
앙칼진 비명으로 흐르다가
어느새 중저음 목청으로 흐르네
강으로 바다로 흘러가는
작의 내의 목소리도 이러한데
함께 흘러가는 지금
내가 귀 기울이지 않았던
내 목소리는 또 어떠했을꼬?

거꾸로 매달리기

어릴 적
사타구니에 고개 디밀고 바라다본
하늘과 땅,
그곳은 신비의 동네였네

어른이 되어
그 신비로운 동네를 등지고
빌딩 속을 폭주하는 차량과
거래처와 불빛을
애써 쫓아다녔네

그러다 백두가 다 되어서
동네 공터에 설치된 운동기구,
'거꾸로 매달리기'에 매달려서
우연히 바라다본 하늘과 땅,
그곳은 여전히 신비의 동네였네

어쩌면 나는,
그 신비한 세상 뒤로한 채
그동안 거꾸로 살아왔는지
모르겠네

거기서 거기

누구에게나 무대의 삶이 있는 법
대본에 따라 조명 밖에서
행인으로 어슬렁거리다가
핀 조명이 따라오면
눈짓 몸짓 발짓 조심스러워지고
그러다 운 좋게 조연이라도 되면
조명이 비출 때마다 나는 사라지네
그러다 또 운 좋게 주연이라도 되면
언제나 조명이 따라붙어
나는 조명 속 그림자로 전락하네
누구에게나 객석의 삶도 있는 법
무대에서 내려와 분장을 지우고
객석에 앉으면
시선은 분수처럼 흩어져
무대 위 주연도 조연도 행인도
그저 거기서 거기
배우의 삶도 관객의 삶도
거기서 거기

심야 영화

오늘 내가 본
〈인생〉이란 심야 영화,
거기서 나는 내가 주인공인 줄도 모르고
주인공 노릇 하고 있었네
시나리오도 감독도 관객도 없는
그런 허접한 삼류 영화,
재미도 없고 흥행에도 실패했다고
어느 놈이 딱지 붙여
시나리오 작가이면서 감독이면서
주인공이면서 관객이기도 한
세상에 듣도 보도 못한 이런 영화,
감히 나 말고 누가 만들어
재미? 흥행? 성패?
그딴 건 개에게나 주라고 해
(너무 나갔나?)

그물

거미가 그물로 먹이를 구하고
어부가 그물로 고기를 잡는 것처럼

우리는 누구나
언어의 그물로 의미를 담고
자본의 그물 속에서 하루를 산다

우리는 스스로 그물이 되어
세상을 후리질하다가도
때로는 그물에 걸려
물고기처럼 버둥거리기도 한다

그물로 된 세상,
보이지 않는 그물 때문에
오늘도 웃고 울며 살아간다

| 작품해설 |

시인의 응시, 정점의 울림
– 정주영의 시 세계

박미정
(시인·문학평론가)

1

  시란 인간을 그 존재 자체로서 인식하고자 하는 문학 양식이다. 그러므로 시는 인간과 동일한 사물事物 그 자체를 대상으로 한다. 시에서 사물이나 자연의 탐구가 결과적으로 인간 존재 탐구가 되는 것도 이 같은 이유 때문이다. 이러한 가운데서 구체적인 감각으로 사물을 지각하고 실존을 인식하는 일은 시작詩作의 계기가 된다.

2

  시인의 시를 통해 가령 '개나리꽃'에 대한 인식을 넘

어 시인의 응시는 자연을 그리면서 인간을 모방하는 감각적인 이미지를 구사한다. "어미의 날갯죽지에/ 병아리들이 조롱조롱 매달렸다"로 그려지면서 "어미는/ 억센 발톱으로/ 풀리는 흙을 움켜쥐고/ 날갯죽지에 매달린/ 병아리들을 지켜낸다"는 모성의 과정을 예로 들 수 있다. 상징을 거쳐 시적 대상에 몰입하여 인간의 행위를 지향함에 따라 "꽃샘바람이 아무리 심술을 부려도/ 이 고비만 넘기면/ 병아리들은 들로 산으로 출가/ 온 산하에 꽃불을 놓을 것이다/ 사람들 가슴에도"(「개나리꽃」에서)라고 하여 개나리꽃의 미세한 움직임까지 응시하고 있으며 인간과 자연에 대한 인식을 보여주고 있다. "완고한 낙동강이 풀리더니/ 벅수처럼 제방을 지키고 섰던/ 산수유나무 언 뿌리에/거짓말처럼 물이 오르고/ 동풍이 삭정의 가지 끝을 매만지고 간다"(「산수유 한 송이」에서)에서 '거짓말처럼 물이 오르고'의 순간적인 즉물적 인상의 스케치는 회복이 가능한 현실을 표방하고 존재의 형질 변경을 가능하게 하는 의식을 형성한다. 이 같은 의식은 시의 동맥을 외부로 확장하여 '아우성'으로 회귀하거나 그것을 복구하고자 끊임없이 노력하는 것이다. "어디 그뿐이랴/ 추위와 어둠을 몰아내고 싶은/ 보이지 않는 뿌리의/ 목숨 건 아우성이 없었다면/ 이 호젓한 산중/ 벼랑 끝에서 어떻게 저런/ 봉불을 올릴 수 있으리"(「진달래꽃」에서)라는 진술이 복구의 노력을 강하게 드러내고 있으며 삶 속에서 삶을 재발견하면서 현실의 고통과 어려움을 걸러내는 것이다. 시인은 자연의 현상에서 일반적인 시인의 통념이 아닌 미적 경지를 개척하려는 자세인 것 같다. 그리고 일상 안에서 자연을 격리하지 않고 삶의 현상으로 노출시키면서 진정한 고백을 일깨우는 성찰의 공간으로 내세우기도 한다. "빈집을 기웃거리던 굴뚝새마저/ 짧은 봄날의 기억을 비행운으로 그리며/ 하늘로 날아가 흩어져 버리고/ 벚나무 아래에서 나만 홀로 남는데"(「벚나무 아래서」에서)의 상황과 심경을 토로하고 절망적인 현실을 진솔하게 형상화하면서도 그 안에 강한 울림을 건져 올리고 있다. 상실을 느끼게 하는 자연 앞에서 진정한 자아를 찾는 프레임이 작동하는 것이라고 할 수 있다.

> 숲은 생명의 뷔페식당// 식당 한 모퉁이에서 귀를 세우면 생떼를 쓰는 매미들은 지금 반찬 투정 중이고 그러거나 말거나 참새 까마귀 부엉이 등은 소나무 가지에서 날개를 접고 낮잠을 즐기는 중이고 이 틈을 타서 여치 사마귀 방아깨비 같은 곤충들이 마음 놓고 배를 불린다// 염치를 아는 뷔페식당은 누가 시키지 않아도 계절에 맞게 옷을 갈아입고 때가 되면 스스로 문을 닫을 줄도 안다// 이것이 뷔페식당에만 들어가면 내가 자꾸 왜소해지는

이유이기도 하다(「숲」 전문)

  좁은 의미의 서정시란 장르의 원칙상 이미지, 은유, 상징 등으로 형상화된 독백 양식이다. 좁은 의미의 서정시에서는 이야기를 쓰지는 않는다. '숲'은 이와 다르게 이야기 형식을 한 일탈이라고 해도 되겠다. 시인이 이야기적인 요소를 깔아놓고 드라마틱하게 곤충들을 등장시킨다. 하지만 진정성을 찾으려는 시인의 의지는 '때가 되면 스스로 문을 닫을 줄도 안다'는 자기 인식으로 나아간다. 앞에서 드러난 자기 증언이나 다름없는 이야기를 맞세워놓고 '때'를 소환하여 은밀하게 그려 둔 진실의 윤곽은 지나친 욕심 또는 욕망은 흔들릴 수밖에 없다는 고백 양식이다. 이로부터 진정한 숲과의 만남이 이루어져 감응은 단계에서 들어가기만 하면 스스로 왜소해지는 이유를 찾는다. 다시 말해서 정주영 시인은 반성적 주체의 전제에서 자연을 향하는 의식의 지향을 보인다. 다른 한 편으로 "타조처럼 머리 숙이고/ 거리에서 집게 부리로 콕콕/ 꽁초 휴지 토사물까지/ 허리에 찬 위장 주머니에 담고 있다"(「모이 줍는 사람들」에서)에서 시인은 인간에 대한 애잔한 비애 의식을 발견하고 '타조'를 '파랑새'로 독자적인 생명의 자유를 끊임없이 개척하는가 하면 자연뿐만 아니라 사물을 통해서도 그가 희구하고 있는 세계를 탐색하고 있는 것

같다. "식인食人 의자,/ 무시무시한 상상이긴 하지만/ 태생부터 좌석버스는 식인 목적 아닌가"(「좌석버스 풍경」에서)라는 시 한 구절에서 존재의 주체성이 문제로 제시되고 있다. 이러한 주체성은 현상학적 차원에서의 의식만을 뜻하려는 것이 아니다. 존재론적이며 실존적인 것을 찾으려는 데 의미가 있다.

3

다음 시편 「달팽이」는 인간에 대한 회의를 제공하여 인간 내면세계와 부끄러운 행동에 대한 단면을 보여주고 있다.

비 온 뒤
제 집을 등에 지고 느릿느릿
보도를 기어가는 달팽이

저놈은 태어나면서
몸과 집
안과 밖이 둘이 아님을
알고 태어난 것일까

저런 놈을 보고
와우각상蝸牛角上이니 와각지쟁蝸角之爭이니

말을 만들어 낄낄거리는 속물들

　　자기 몸과 집을 철저히 분리해
　　수십 채의 껍데기를 사재기하고
　　안과 밖을 꼼꼼히 살피는데

　　그런 인간들 발밑으로 느릿느릿
　　웃으면서 기어가는
　　달팽이
　　　　　　　　　　　　　　-「달팽이」전문

　이 시는 해학적인 기법이 깔려있다. 우선 달팽이의 뿔을 가지고 이런저런 말하는 인간에 대한 감정 표출을 달팽이가 독백의 방식을 차용하고 있다. 다소 거칠게 들리는 '저놈은' 인간이 달팽이를 지칭하는 것으로 보이지만 달팽이의 어조이다. '저런 놈' 또한 '저놈'의 다른 지칭이며 인간이 달팽이를 빈정대는 어조로서 달팽이가 인간을 비판하는 데 쓰이고 있다. 반면에 자조적이고 자학적인 감정을 거칠게 드러내는 회의를 함축한다. 또한 내 뿔 위에 사는 듯이 보이지만, 너희들은 하찮은 일로 옥신각신 말을 만들어내는 속물들이라고 단정 짓고 빈정대는 당위성을 더욱 효과적으로 담아내는 데 일괄한다. 이것은 달팽이와 동떨어진 인간의 비정상적인 생활을 피상적으로 나열함으로써 확보하는 아이로니컬한 분위기가 내부를 파고들어 외부의 진실이 강화되는 양상으로 현실의 자아를 견인한다. 시인의 관심은 "웃으면서 기어가는" 내용을 비극적이거나 곤혹스럽지 않게 하고 오히려 생명력을 강화하는 표현으로 하는 데 있지 않았을까 생각된다.

> 사람이 있네
> 순천에서 구례로 가는 길이 헷갈려
> 도보여행 중 헤매고 있는데
> 친절하게 길을 일러주시는
> 하회탈을 닮으신 분,
> 그냥 지나쳐도 될 법한 시골길에서
> 딸막딸막하고 있는 낯선 길손에게 다가와
> 길을 알려주시는 선한 이웃,
> 세상의 길이란 길은 죄다 꿰고 있는
> 손안의 요술램프도 알 수 없는
> 지도에도 없는 갈림길에는
> 여전히 사람이 있네
> 내가 걸어온 길,
> 굽이굽이마다 이정표처럼
> 길을 일러주시던 분이 있었듯이
> 지금도 여전히 길에는
> 사람이 있네
> 　　　　　　　　　　-「길에는」 전문

이 작품은 "사람이 있네"에서 보이는 서사의 함축 그리고 일상어를 사용한 표현 기법을 통해 인간 행동의 양식을 집중시키는 모티브를 형상화해 내고 있다. 하회탈은 웃는 상이며 웃으면 새우 눈처럼 눈이 보이지 않는 게 특징인데 시인은 서민의 모습으로 표현했다고 하겠다. 나그네가 길을 묻기도 전에 먼저 다가와 길을 알려주는 평범한 진술 역시 서민의 낙천성과 밝고 긍정적인 태도가 선한 이웃임을 자연스럽게 밝히고 있다. 하지만 모습에만 한정되지 않는다. 요술램프도 알 수 없는 길에는 여행자의 고심을 해결해 주는 구체적인 관계에서 길에는 사람이 있다는 극적劇的 방식을 취함으로써 존재의 문제에 경외감을 표현하게 되는 것이다.

> 침인가봐
> 여기저기 들쑤시고 다니면서
> 혈마다 따끔따끔
> 침을 놓고 나면
> 몸속 어혈이 풀리고
> 샛강 살얼음도 풀리면서
> 땅이 녹고
> 언 가지마다 겨울눈이 눈을 뜨니
> 꽃샘바람은
> 천지에 원기를 돋우는
> 침인가봐
> 　　　　　　　　　　　　-「꽃샘바람」전문

「꽃샘바람」은 자연의 이미지를 사용하여 심리적 반

응을 끌어내고 이미지를 집중시키는 진술을 통해 의미 매김을 하고 있다. "혈마다 따끔따끔/ 침을 놓고 나면"은 침을 사용한 인위적인 행위에 해당한다. 이와 연장선상에서 전면에 내세우는 '풀리고, 풀리면서, 녹는다'라는 미분화로 자연에 감응하는 감상성을 살린 시학 방법이다. 이러한 감상성은 "꽃샘바람은/ 천지에 원기를 돋우는" 방향으로 나아가게끔 하는 추동력이 되어 '침'이라 하더라도 자연에 그 뿌리를 둘 수밖에 없음을 인식한다. 시인은 이러한 시학의 과정을 「탁발 순례」에서 '구도 행각'을 이끌기도 한다. "유채꽃 찔레꽃 수선화/ 문전에서 잉잉/ 염불을 외우는 꿀벌들의/ 탁발하는 날갯짓이 울울창창"(「탁발 순례」에서)에서 결구를 통해 '구도 행각'이라는 시인의 입장이 주목된다. 이처럼 자연에 감응하여 이미지의 특성을 살려내는 시인의 눈은 "숲은 생명의 뷔페식당"(「숲」에서)에서처럼 자연과 연동하여 인간과 관련된 무엇인가를 찾고자 하는 감각이 민활해 보인다.

    모이를 줍고 있다
    타조처럼 머리 숙이고
    거리에서 집게 부리로 콕콕
    꽁초 휴지 토사물까지
    허리에 찬 위장 주머니에 담고 있다
    이렇게 짬짬이 모이를 줍고

> 품삯도 닭 모이처럼 주는 노인 일자리,
> 그것도 운 좋아야 얻을 수 있는 노년의 남루함
> 누구는 그 탓을 노인에게 돌리지만
> 그들은 이 세상 누구보다도
> 진창길 자갈길을 마다하지 않고
> 발 부르트도록 곧이곧대로 걸으며
> 세상과 자식들의 디딤돌이 되어준
> 이 땅의 장삼이사들
> 모이 줍기가 끝나는 날
> 파랑새가 되어 하늘로 날아갈 사람들
> 거리에서 모이 줍고 있다
> ―「모이 줍는 사람들」 전문

 이 시에서 시인의 탁월한 시적 감각이 감상에만 매몰되지 않도록 통어하고 개인의 무력한 상실감을 수용하는데서 출발한다. '타조처럼'이라고 하여 현실에 대한 상실감을 격조 있게 형상화해 내고 있지만 "타조처럼 머리를 숙이고/거리에서 집게 부리로 콕콕/꽁초 휴지 토사물까지/허리에 찬 위장 주머니에 담고 있다"(「모이 줍는 사람들」에서)는 일련의 슬픔의 본질을 인식하는 대목이다. 자신의 주관적인 감정을 직설적으로 토로하는 방식을 취하는 방식이 역사의 스크린에 투사하여 객관화한다. 이러한 방식은 감성의 노출을 보다 더 심화하는 시적 효과를 거두는 데 있다고 하겠다. "양지바른 담벼락 밑에/ 줄지어 서성이는 노인들,/ 발이 시린지 서성서성/ 하염없이 그리워한다"(「찬밥」에서)는 절실한 진실성을 확보하고 있으며 제3자의 입장에서 전달하는 듯한 기법을 사용하여 잔잔하지만 매우 호소적이다.

4

시의 가장 중요한 구성요소는 은유와 이미지 그리고 리듬이다. 시인은 다음 시 「동래부사 송상현」의 층위의 세부에 <송상현=청솔>이라는 이미지 확산을 꾀하고 있다. "당신은 청솔인가요/ 당신을 기리는 광장/ 도심에 활주로처럼 뻗어 있고/ 당신의 동상/ 시민들이 늘 해바라기처럼 우러르고 있으니/ 당신은 시민의 마음속/ 살아있는 청솔인가 봅니다"(「동래부사 송상현」에서) 임진란 당시의 동래부사 송상현의 모습을 현재의 모습으로 자연스럽게 목격하도록 하는 세련성이 있다. '우러르고 있'다의 풍경을 묘파하면서 "시민의 마음속/ 살아있는 청솔인가 봅니다"와 같이 단정 지음으로써 인간의 근원적인 향수를 사무치게 그리고 있으며, 인간의 휴머니티를 밀도 있게 구사하는 시편으로 판단된다.

꼴은 닮아도 짓은 다르네/ 진달래 가문의 자매들

인/ 진달래 영산홍 철쭉은/ 꽃 피는 시기도 색감도/ 모두 다르네// 양지를 좋아하는 진달래가/ 공주님이라면/ 자리를 가리지 않는 연산홍은/ 거리의 여인쯤 되겠고/ 거친 매무새의 철쭉은/ 손에 물 마를 날 없는/ 무수리나 주방 아줌마쯤 되겠네(「진달래 가문의 자매들」에서)

이 시는 진달래 가문의 생태에 대한 문제가 제기된다. 시어가 갖는 의미성은 생태에 있어 자매가 꼴은 닮아도 다르다는 단계를 다루고 있는 것으로 보인다. 인간을 빗대어 구체적인 의미 맥락을 패러디한 화자의 태도가 소명 의식을 설계한 듯 구체적이다. 다음 시는 존재 정립에 대한 문제에 관심이 있는 듯하다. "그는 부산에서 태어나"의 태생을 시작으로 "늙은 모던 보이"가 되기까지 시적 화자가 일부의 과정에 끼어들어 추정하여 존재의 상처에 대하여 말하고 있다. "영역 표시하는 통개처럼 무시로/ 한쪽 다리까지 들어 올렸으니/ 그 짓거리 구경거리였겠다"로 하는 시적 벡터의 양상은 "왜정 때는 내내 왜놈 자부심으로/ 해방 후 동란 때는 피난민 이정표로/ 사람들 입질에 오르내리다"를 거쳐 "2013년부터는 기사회생해 다시/ 다리를 꺼덕꺼덕 들어 올린다/ 자신의 아픈 상처를 들여다보려는 듯"(「늙은 모던 보이-영도다리」에서)이라고 하여 사물을 의인화하여 특수의 사건을 한편으로 빈정대는 대상으로 삼고 있으며 다른 한편으로는 회한으로 다룸으로써 존재의 내적· 외적 문제를 동시에 다루고 있다. 시인의 이러한 관심과 인식은 문학은 주장이 아니며, 드러내고 보여주기의 양식이기 때문이라는 것을 간접적으로 시사하고 있다. "어둠을 쓸며/ 길거리에 좌판부터 열고/ 푸새를 다듬기 시작하는 벌들// 골목 안에는/ 방금 뭍에 오른 바다와 함께/ 수런수런 새벽시장을 깨우는/ 일벌들의 붕붕거림// 수벌들은 종족 보존용인지/ 골목에 가끔 출몰할 뿐/ 여기는 모두 암벌의 세상"에서 곤충에 속하는 '벌'의 사회적 구조를 인간 생활에 빗대어 진술하고 있다. 그리고 독자적인 눈으로 일벌에 근거를 두고 다음과 같은 발언을 한다. "저 암벌들의 날갯짓 덕분에/ 누군가는 허기를 지우고/ 또 누군가는 눈을 씻을 것인데"(「여수 교동시장에서」에서)의 고뇌를 노골화함으로써 시의 흐름은 응시를 통해 울림의 정점으로 향하려는 것이 아닌가 생각된다. 그러면서 독자는 자연스럽게 다음 시를 따라나선다.

   또 짐을 싼다
   널브러진 옷가지를 챙기고
   보지도 않는 지도와
   여행안내 책자를 다시 배낭에 넣고
   오래 묵을 것처럼
   엊저녁 화장실에 진설해 둔

세면도구를 거두고
휴대전화 충전기도 잊지 않는다
스윽 방을 한번 휘둘러보고
아쉬운 듯 숙소를 나서면
어제와 같은 다른 오늘이
노둣돌처럼 내 앞에 놓이고
어제와 닮은 듯 다른
하늘과 산천이 이끄는 대로
길을 가면서 노닌다
시점도 종점도 목적도 없는
이런 길 걷기를 나는 좋아한다
하루하루 삶도 도보여행처럼
오직 발걸음 소리 들으며
오고 감도 없이 그렇게
노닐 수 있다면,

-「도보여행처럼」 전문

 이 시는 정주영 시인의 세계관으로 인식론적 전환을 이루는 바탕이 되어 보인다. "또 짐을 싼다"는 행위는 삶에 대한 변증법이다. 더불어 삶에 대한 초연한 자세로 새로움을 찾고자 하는 희구하는 자세를 나타내기도 한다. 이러한 현상에서 "시점도 종점도 목적도 없는/ 이런 길 걷기를 나는 좋아한다"고 말함으로써 시인의 일상적 생활을 평정으로 이끌고자 하는 간절함으로 환기된다. 즉 유한한 삶을 구원해 보려는 갈망의 표출은 "하루하루의 삶도 도보여행처럼/ 오직 발걸음 소리 들으며/ 오고 감도 없이 그렇게/ 노닐 수 있다면,"에서 새로운 세계를 동경하는 자각을 천명하여 고뇌를 느끼게 한다.

5

 정주영 시인은 자기의 독자적인 눈으로 실재의 세계를 찾아내려는 시작을 통해 시의 본질적인 길을 걷고 있다고 하겠다. 자연의 생명을 통해 희구하는 세계의 영토를 만드는가 하면 사물에 대한 것들도 사소하게 다루지 않고 현실에 변용하여 시를 획득하는 시인의 정신을 보여주기 위한 노력을 아끼지 않는다. 이것은 그가 찾으려는 세계에 대한 성찰이라 이해되며 시인의 시에 대한 본질적인 애정으로 독자적인 생명력을 갖는다. 시집 전체를 윤기 나게 만들어 나가는 것은 쉽지 않다. 읽을수록 읽고 싶은 시집 『길에는 사람이 있네』에서 사람 만나기를 꼭 권하고 싶다.

정주영 시집

길에는 사람이 있네

초판1쇄 발행　2025년 9월 15일

지은이　정주영
펴낸이　이길안
펴낸곳　세종출판사

주소　부산광역시 중구 흑교로 71번길 12 (보수동2가)
전화　051-463-5898, 253-2213~5
팩스　051-248-4880
전자우편　sjpl5898@daum.net
출판등록　제02-01-96

ISBN 979-11-5979-803-0 03810

정가 10,000원

본 도서는 2025년 부산광역시, 부산문화재단 〈부산문화예술지원사업〉의
지원으로 제작되었습니다.

이 책은 저작권법에 따라 보호받는 저작물이므로 무단전재와 무단복제를 금지하며,
이 책 내용의 전부 또는 일부 내용을 재사용하려면 사전에 저작권자와 세종출판사의
동의를 받아야 합니다.

* 잘못된 책은 교환해 드립니다.